Theresa Dreßel

Lyrische Wortwanderung

Theresa Dreßel

Lyrische Wortwanderung

Rediroma-Verlag

Bibliografische Information der Deutschen Nationalbibliothek:
Die Deutsche Nationalbibliothek verzeichnet diese Publikation in der Deutschen Nationalbibliografie; detaillierte bibliografische Daten sind im Internet über http://portal.dnb.de abrufbar.

ISBN 978-3-98527-581-6

www.rediroma-verlag.de
8,95 Euro (D)

Die lyrische Wortwanderung ist eine Reise mit unterschiedlichsten Gedichten, die Themen enthalten, welche auf den Punkt getroffen werden.
Das Schreiben ist die Kunst, seine Kreativität der Worte auf einem Blatt Papier zum Ausdruck zu bringen. Dabei ist es wichtig, dass das, was geschrieben wird, Sinn, viel Herz, eine außergewöhnliche Ausdrucksweise und Spannung enthält. Dem möchte ich mich für den Leser widmen.
Hier treffen zehn verschiedene Bereiche, die ich zusammengestellt habe, aufeinander. Jeder Bereich enthält Gedichte, die zum Beispiel witzig, mystisch, Ratschlag gebend, alltäglich, naturvoll und heimisch sind.
Meine Lyrik, meine Kunst und eigene Worte sind das Ergebnis zahlreicher neuer Gedichte, die man sich ruhig mal zu Gemüte führen kann.

Viel Spaß dabei!

Inhalt

Alles was die Zeit betrifft

Jahrmarkt

Es ist die Zeit,
sie vergeht so schnell!
Die Geschwindigkeit,
wie ein Karusell!

Wie sie vergeht…
Sie treibt uns voran!
Wie sie sich dreht!
Wie eine Achterbahn!

Sie macht uns alt!
Immer und überall.
Jeder erlebt bald,
den freien Fall!

Andauern

Es dauert Tage
die ich ertrage,
mit viel Geduld,
die Zeit ist schuld.

Dran zu glauben,
Zeit zu schrauben,
dass sie hält,
wies mir gefällt.

Es wird gelingen,
sie zu verbringen,
in Endlosigkeit,
mit Dir zu zweit.

Von Anbeginn der Zeit

Die Zeit vergeht,
und niemals steht,
schnell ist sie vergangen,
hat sie nicht erst angefangen?

Was nun beginnt!
Zu schnell verrinnt.
Ganz besondere Momente,
verstreichen uns am Ende.

.
Einfach verflogen
und davon gezogen…
In einer Geschwindigkeit
So schnell ist unsere Zeit

So werden wir alt.
Es gibt keinen Halt.
Das gibt dem Leben Sinn,
und das von Anbeginn.

Jeder Tag ist anders

Gestern war der Tag wolkenbehangen…
Geweint habe ich viel.
Ohne Hoffnung und Ziel,
ist die Zeit sehr langsam vergangen.

Heute wünschte ich mir, dass sie steht…
Wenn die Sonne lacht,
mir viel Freude macht.
Da merke ich sehr, wie sie vergeht.

Manchmal endet sie nie oder zu schnell,
so ist es mit der Zeit…
Tag für Tag Einsatzbereit.
Wirkt alles grau, wird es auch wieder hell!

Gemäß der Zeit…

Gemäß der Zeit sind unsere Sitten,
aus macht wie ich mich gebe,
wie ich mein Umfeld erlebe…
Manchmal wird sogar gestritten.

Gemäß der Zeit ist Sprache,
Wie wir Sätze formulieren,
die Lippen, Worte verlieren.
Reden ist eine gute Sache.

Gemäß der Zeit, ist es beim Essen,
Meist mit Messer und Gabel,
dann wird's auch nicht blamabel.
Bei Tisch wird gerade gesessen!

Gemäß der Zeit, sind wir bereit,
stimmen uns auf Neues ein.
Offen für alles zu sein,
Das bietet die Gelegenheit!

Struktur

Von Zeit zu Zeit,
mal ganz gescheit,
und einfach mal nachgedacht.
Das wäre ganz angebracht!

Wie verrückt!
Es ist geglückt,
Die Gedanken sind sortiert,
Vielleicht auch kontrolliert.

Ganz entspannt
und mit Verstand,
mit einem strukturierten Plan
gehe ich an Dinge ran!

Jung, für immer!

Es geschieht jede Sekunde…
Jede Minute werden wir alt..
Ein Jahr vergeht schon bald,
Auf geht's in die neue Runde!

Einfach Leben, lass uns lieben!
So bleiben wir jungen Blutes!
Es hat sicher auch was Gutes.
Das Herz ist jung geblieben!

Kommt die Zeit, wie ein Sprung,
sind wir darauf vorbereitet.
Auch wenn sie uns begleitet
wir bleiben für immer jung,

Zwölf Monate-Ein Jahr

Ein Jahr ist wiedermal vorbei.
Begonnen hat ein neues Jahr,
Erst der Januar und Februar,
folgend, März, April und Mai.

Der Frühling er ist eingekehrt.
Bald beginnt die Sommerlust
Mit dem Juni, Juli und August,
geht es weiter, unbeschwert.

September, Oktober, November,
Der Herbst ist die kalte Zeit,
und hat es dann geschneit,
endet das Jahr mit dem Dezember.

Uhrzeit

Schlafen, Trinken, Essen,
zwischendurch mal gehen,
Die Zeit, sie wird vergessen,
Doch sie bleibt nicht stehen.

Die Zeit sie prägt,
und sie fährt davon.
Die Uhr sie schlägt,
im Tick Tack- Ton…

Getrieben und entspannt,
Die runde Uhr sich dreht
Ich trage sie in der Hand,
Bis auch sie still steht.

Tick, Tack…

Schnell wie ein Zug.
die Zeit vergeht.
Von früh bis spät,
es ist nie genug.

Wenn sie beginnt,
die Welt erblickt.
Die Uhr sie tickt.
Bis sie verrinnt.

Die Vergangenheit,
und Gegenwart,
kommen in Fahrt,
fort fährt die Zeit.

Keine Ewigkeit

Uns trennt die Zeit,
und auch das Leben.
Für die Ewigkeit,
wird's uns nicht geben.

Ich werde bangen,
jeden einzelnen Tag.
Zeit ist vergangen,
bei jedem Herzschlag

Ich weiß im Grunde,
Mein Herz es schlägt.
Genieß jede Stundc,
in der es sich bewegt.

Theresa Dreße

Bräuche, Feste, Feiern!

Einfach kunterbunt!

Tu es den Leuten kund!
Heute wird viel gelacht,
und Quatsch gemacht!
Das Leben ist kunterbunt!

Wo ist der Anstand nur?
Auf den Kopf gestellt,
wird die ganze Welt,
Elften, elfter um elf Uhr!

Berichtetet es überall,
dann feiert jeder mit,
Tanzen hält auch fit!
Zu unserem Karneval!

Erntedankfest

Wir danken Gott, für die Gaben.
Dass wir genügend haben.
Besitzen Getreide und Brot.
So leiden wir nicht an Not.

Gemüse, Obst und Frucht,
haben wir herausgesucht,
Es liegt vor dem Kirchenaltar,
Dankend für dieses Jahr.

Neigt das Jahr sich dem Ende,
gehört Ihm unsere Spende.
Das folgende Jahr wird gelingen.
Er wird uns Gaben bringen.

Zum Geburtstag

Weil Du etwas Besonderes bist,
hab ich heut an Dich gedacht.
Und weil Dein Geburtstag ist
wird viel gefeiert und gelacht!

Einladen wirst Du Leute,
die Dir viel Freude bringen.
Die mit Dir feiern heute,
und Dir ein Liedchen singen.

Weil Dich jeder gerne mag,
klatschen alle in die Hände!
Denn der schöne Ehrentag,
hat für uns kein Ende.

Ehrentag

Wer hat uns so viel gelehrt,
und uns als erstes gesehen?
Wer lernte uns das Gehen?
Und zu Leben unbeschwert.

Von ihr werden wir geliebt.
In ihrem Herzen ist Platz.
Sie ist ein großer Schatz,
der uns so viel Liebe gibt.

Weil jedermann sie mag,
und immer an sie denkt,
ihr viel Liebe schenkt
liebt nicht nur am Muttertag!

Zur Weihnacht

Glocken hell erklingen,
Engelsstimmen singen.
Zur kühlen Winterzeit.
Alles ist eingeschneit.

Ein Fest ist eingetroffen,
So wollen wir hoffen,
dass es Freude bringt,
und uns gut gelingt.

Es strahlt von fern,
der Weihnachtsstern!
Es schneit ganz sacht,
in der Weihnachtsnacht.

Ein gutes Versteck

Der Frühling ist ein Genuss!
Mit frischem grünem Gras,
zwischen Tulpen und Krokus,
da regte sich etwas…

Also geh ich dort mal hin.
weil mich die Ruhe verlässt...
Wie, entzückt, ich dann bin!
Ein befülltes Nest!

Wer dieses wohl brachte?
Ich habs schon geahnt…
Während die Sonne lachte,
blieb er getarnt.

Bei herrlichem Sonnenlicht.
Meine Entdeckung geschah,
dies vergesse ich nicht.
Der Osterhase war da.

Die Lichter der Nacht

Der Mond und auch die Sterne,
Leuchten am Himmelszelt,
Es erleuchtet unsere Welt,
aus der Nähe und der Ferne.

Am Abend gehen wir gerne,
wenn der Mond so lacht
in seiner vollen Pracht.
Wir laufen mit der Laterne.

Alles leuchtet, die ganze Zeit,
Ein Lied stimmen wir ein.
Mit dem Laternenschein,
geht's durch die Dunkelheit.

,

Ein reinigender Brauch

Verzicht auf Käse und Wurst,
auf Gemüse, Obst und Brot.
Wasser hilft, in größter Not.
Vergiss nicht deinen Durst.

Du bist nach vierzig Tagen rein.
Wenn Du kein Bissen isst.
Ein neuer Mensch Du bist,
Lässt Du das Essen sein.

Nichts wird Dich mehr belasten,
wenn Du Dich befreist.
Ruh in Körper und Geist,
Hast Du nur beim Fasten.

Der Wunschzettel

Weihnachtsmann, ich wünsche mir:
Mit meiner Familie keinen Streit.
Viel Ruhe und Geborgenheit.
Etwas mehr Geduld und Zeit.
In einem Jahr Zufriedenheit.
Und noch eine Kleinigkeit:
Mit dem Liebsten Zeit zu zweit!
Das wünsche ich mir von Dir!

Das Beschenken

Die Stimmung ist froh.
Wir haben Spaß.
Beim Schenken ist das so,
es kriegt jeder was.

Aneinander zu denken,
gibt Zuversicht.
Sich zu beschenken,
bei Kerzenlicht.

Wir schenken mehr,
zur Weihnacht.
Wir freuen uns sehr,
das Herz es lacht.

Schenkt mal ein Lachen.
das ist genug.
Nur materielle Sachen,
sind unklug.

Über Meere und Länder

Unsere Reise

Wärme schwindet,
Kälte kehrt ein.
Selten findet
man Sonnenschein.

Oktoberanfang!
Es ist so weit.
Mit Gesang,
sind wir bereit.

Wir rufen Hurra!
Es geht los.
Nach Afrika,
wie grandios!

Was wir sehen…
Wiesen, Wälder,
große Seen,
weite Felder.

Von Ort zu Ort
davongezogen.
Einfach fort,
und weit geflogen.

Die Sonne scheint,
auf ihre Weise.
Mit ihr vereint,
geht diese Reise.

Fort von zu Hause.
Geflogen in Ruh
Eine Pause,
gehört dazu.

Fast am Ziel,
bald ists genug.
Ein Kinderspiel,
war dieser Flug.

Eines ist klar,
wir kehren zurück,
im frühen Jahr,
ins Grüne Glück.

Weit oben…

Auf des Berges frischen Höhn,
schaut man weit hinab ins Tal,
dort fließt ein Bach so schmal,
die Aussicht ist wunderschön.

Vom Berg aus ist der Anbeginn,
von dort, der Bach, entspringt.
Plitsch, Platsch! Der Bach erklingt,
Doch wo fließt er nur hin?

Ich schau nach Ost und West,
Nach Süd und auch nach Nord,
Wälder, Dörfer liegen weit fort.
Ein Anblick der sich sehen lässt.

Nun geht es wieder herunter,
bevor die Sonne unter geht,
die noch am Himmel steht.
Heim geht's frisch und munter!

Morgenritual

Tag aus, Tag ein,
gewillt,
sehe ich hinein,
ins Spiegelbild.

Was es mir zeigt,
ein Gesicht.
Zu Lächeln es neigt,
mit Zuversicht.

Mich zu nehmen
als ein Gewinn.
Nicht zu schämen.
Nimm mich hin.

Habe es geschafft,
so zu schauen.
Mit Stolz sowie Kraft
und vertrauen.

Weitentfernte Wüste

Weit fort von dieser Welt,
von Küsten, Meeren, Seen,
Wäldern, Wiesen, Feld,
Dort gibt's Sand zu sehen.

Dieser Ort ist abgeschieden.
Selten sieht man ein Tier.
Trockenheit wird gemieden.
Kein Wasser gibt es hier.

Einfach seelenverlassen,
nur bedeckt mit Sand
Nichts Grünes,keine Straßen,
ein unbekanntes Land.

Strand und Meer

Ich bin am Strand,
im Sonnenlicht,
braungebrannt,
mit Meeressicht.

Ich lieg gelassen
Auf der Stelle…
Kaum zu fassen,
hör jede Welle.

Ich spür den Sand,
die Augen zu.
Ganz entspannt,
in aller Ruh.

Wellen rauschen,
Möven lachen.
All dem lauschen.
Auszeit machen.

Es ist hin und her
geflossen.
Das weite Meer
hab ich genossen.

Perspektive von oben

Auf die weite Welt
sehe ich herunter.
Wiesen, weites Feld…
Sonne scheint so munter.

Welch eine Sicht,
sich hier präsentiert!
Wenn da sich nicht,
mein Blick verliert…

Viel zu entdecken.
Raps und Mohn…
Wie bunte Decken.
im prächtigen Ton.

Es treibt der Wind,
er will wehen,
ganz geschwind,
nicht still stehen.

Die Sicht ist bewegend…
Wir ziehen davon…
Es ist so aufregend…
Im Heißluftballon.

Der kleine Bach

Weit fort von Ackerfeldern
hinter dichten Wäldern,
zwischen Berg und Tal
läuft ein Bach so schmal.

Weit hinaus er fließt,
zum Fluss er sich ergießt,
durch Stadt Getümmel treibt,
und dort nicht lange bleibt.

Sein mächtiges Gesprudel,
macht kleine wilde Strudel.
Gabelt sich, kreuz und quer
und mündet hinaus ins Meer.

Wellen schlagen dicht,
das Ufer ist in Sicht
Das Wasser treibt hinaus,
sein Fließen ist nun aus.

Was der Alltag bringt

Wie Du bist

Wie Du lachst,
wie Dus trägst…
Was Du machst,
Dich bewegst…

Was Du sagst,
wenn Du liebst…
Was Du wagst,
und dann gibst…

Was Du denkst,
wie Du schaust…
Was Du schenkst.
Wie Du vertraust.

Wie Du tust,
bist Du gerührt…
Ich hab's gewusst,
hast mich verführt.

Reichtum

Wir sind gleich,
wir leben.
Wir sind Reich
und geben.

Immer im Lot,
verweilen.
In großer Not,
wir teilen.

Etwas erreicht
in der Welt,
darum streicht,
bald das Geld

Geredet

Wenn ich will
Bin ich still.
Spreche ich
Sicherlich,
ganz direkt,
nicht perfekt,
doch mit Sinn,
bin ich drin.
Red zu viel,
mit Wortspiel,
abgehängt
umgelenkt,
drumherum…
Zeit ist um.
Im Redefluss,
jetzt ist Schluss.

Morgenmuffel

Ein Zimtherz auf meinem Kaffee,
sieht so wohlgefällig aus.
In dem Moment als ich es seh,
mach ich Zimtschaum draus.

Gerade hab ich noch gedacht,
zurzeit ist alles gut.
Gerade hab ich noch gelacht.
Schöpfe ich neuen Mut?

Der Kaffee, den ich trinke,
ist frisch aufgebrüht.
Wenn ich in mir versinke,
erhellt sich mein Gemüt.

Langsam und mit Gemach,
fließt er herunter
und ich merke nach und nach,
ich bin erfrischt und munter.

Erfolg

Schwere Last,
musste viel tragen.
Meine Hast,
ließ mich versagen.

Hab gewusst,
all dieses Schwere,
endet mit Frust
und einer Leere.

Wenig erreicht,
wollte zu viel.
Erfolg der schleicht
Sich an das Ziel.

Ein Erlebnis mit Dir

Alles was Du mir gibst,
ist, dass Du mich liebst…
Und dann schweb ich dahin,
Weil ich verliebt in Dich bin.

Zeige mir tausend Sachen,
die wir gemeinsam machen.
Nie wieder alleine ruhen,
mit Dir will ich so vieles tun!

Genau jetzt will ich leben!
Will mit Dir alles geben,
was es gibt auf dieser Welt,
es gibt nichts was uns hällt.

So lang wir uns gut verstehen,
jeden Weg zusammen gehen.
Ist uns kein Weg zu weit,
für immer und für alle Zeit.

Der Schweinehund

Ich habe heute keinen Plan…
Zu Hause vertreib ich mir die Zeit.
Bin vollkommen ohne Elan.
Er treibt es mal wieder zu weit!

Nichts tun! Meint er!
Heut mal alles fallen lassen!
Er macht mir das Leben schwer…
Eigentlich müsste ich ihn hassen!

Wenn er mir im Nacken liegt,
und ich füttere seinen Schlund.
Hat er garantiert gesiegt!
Der elendige Schweinehund!

Doch ich will ihn überwinden,
Ihn an der kurzen Leine halten!
Ich sag ihm er soll verschwinden,
und will mein Leben selbst gestalten.

Quarantäne

Zu Hause saß ich allein,
schaute stets zur Fensterscheibe…
Niemand durfte zu mir rein…
Mal sehen, wie ich mir Zeit vertreibe…

Kein Ausweg war in Sicht…
Gefangen im eigenen Reich…
Was zu tun ist wusst ich nicht.
Jeder Tag war einfach gleich.

Mein Leben zog sich hin…
Hab nichts von draußen gehört…
Doch darin sehe ich einen Sinn,
Ich bin allein und Keiner stört!

Gute Laune Liste

-dem Tag vertrauen-
-früh erwachen-
-Freude erbauen-
-sehr viel lachen-

-Gemüht erwecken-
Kurz überlegen…
-Tag entdecken-
-mich bewegen-

-Momente erleben-
-in mich gehen-
-Hoffnung geben-
-Neues sehen-

-gut gelaunt bleiben-
-tun was ich mag-
-Erlebtes aufschreiebn-
So läuft der Tag!

Kein Brief

Im Müll sind Papierhaufen…
Es ist zum Haareraufen!
Kein Brief gelingt
Das Ego sinkt…

Ein Block ist untertrieben!
Viel zu oft verschrieben…
Ein dicker Tintenfleck,
geht nicht weg…

Durchgestrichen, verbittert!
Zerrissen und zerknittert!
Wut auf jedes Blatt Papier,
ich kapitulier!

Ich kam nie wirklich voran…
Kein Brief kam jemals an…
Hab viel verschwendet
und nie versendet…

Lachen ist Glück

Das wahre Glück,
ist Lachen,
es Stück für Stück,
zu machen.

Lächeln allein
steckt an.
Glücklich sein,
jeder kann.

Lache drauf zu
mit Lust.
Lächeln kannst Du
Bewusst.

Der Anstieg

Die Welt einmal von oben sehen,
das denk ich, wenn ich unten stehe.
Den großen Berg noch vor mir sehe.
Lohnt es sich, dort hoch zu gehen.?

Ich blicke hinauf, will ich dort hin?
Der Weg erscheint mir viel zu weit,
eigentlich habe ich alle Zeit…
Wie wäre es wenn ich oben bin?

Der Elan ist noch nicht so groß,
ich fühle mich noch sehr schwach…
noch läuft alles mit Gemach.
Die Energie, wo bleibt sie bloß?

Ich halte mich fest an jedem Stein.
Sehe ich zum steilen Berg hinauf.
Ich gebe garantiert nicht auf
Bald werde ich sicher oben sein.

Mit Mühe habe ich es fast geschafft
Ich spüre um mich diese Hitze!
Aus der Puste bin ich und schwitze.
Doch ich schaffe es! Ich hab noch Kraft!

Welch eine Wohltat, es ist vollbracht
Endlich stehe ich hier oben!
Ich kann mich selbst mal loben!
Müde bin ich, doch mein Herz es lacht.

Freches Früchtchen

Du bist süß und manchmal sauer.
Du gibst uns allen so viel Power,
Power und auch Kraft!
Frisch und fruchtig ist dein Saft.

In grün rot oder gar gemischt,
Wirst Du uns oft aufgetischt.
Welch viele Vitamine in Dir stecken,
man kann sie deutlich in Dir schmecken.

Meist ist Dein äußeres kugelrund
Für jeden bist Du so gesund.
Das einzig tückische ist der Kern,
Doch trotzdem haben wir Dich gern.

Dem Doktor sei Dank!

Ich frage ihn um Rat,
fühle ich mich mal krank…
Dann steht er zur Tat!
Vielen lieben Dank!

Er hört mir oft zu,
hilft bei meinem Leid.
Gönnt mir etwas Ruh,
Genesung braucht Zeit.

Gesund soll ich werden.
Ich hab in ihm Vertrauen.
Schwinden Beschwerden,
kann ich auf ihn bauen!

Das Plus

Reden und gehen
Im Fluss,
sich gut verstehen
ein Plus.

Eins Plus eins ergibt
Zwei,
wer sich verliebt,
ist dabei.

Die Liebe beginnt
Mit Dir,
noch plus zwei sind,
vier.

Familie zu sein
Ist Plus.
Niemals allein,
bis zum Schluss.

Mystik- und Fantasiegedichte

Baumleben

Die Menschen sind wie Bäume,
wollen hoch hinaus,
Blätter verwehen wie Träume,
Wachstum ist bald aus.

Nun stehen sie im Leben,
werden alle alt.
Junge wird es geben,
treffen sich im Wald.

Es werden immer mehr,
Leben entstehen.
Überleben ist schwer,
ist das Licht zu sehen.

Im Nebel

Manchmal schon am Morgen,
da ist alles so trist.
Was nur dahinter ist?
Bleibt mir wohl verborgen.

Ich wage nicht zu schauen,
es bleibt mir unbekannt.
Mit dieser Nebelwand
finde ich kein Vertrauen.

Sehe die Gefahr in der Sicht,
Mir ist sie unvertraut.
Habe nie durchgeschaut,
erkenn das Wahre nicht.

In den Fluten

Segel gespannt
Weg vom Land
Es geht voran!
Auch ohne Plan

Auf dem Schiff,
alles im Griff.
Mit meiner Cru
Steuer ich drauf zu.

Mit Wellen reiten
Einfach gleiten
Hin und her..
Über das Meer.

Der Wind weht
Das Ruder dreht,..
Nicht geheuer.
Keiner am Steuer…

Wellen schlagen
Kaum zu ertragen,
dass ich es nicht pack
es endet als Wrack

Hilfe ich versinke!
Geh unter! ertrinke!
Nichts ist in Lot!
Bin in großer Not!

Dahingetrieben
Ist nichts geblieben.
Nichts in Sicht…
Mein Herz es bricht.

Verlorener Stolz
Sehe Treibholz,
such daran Halt.
Mir ist nur kalt…

Weil ich müde bin,
treibe ich dahin…
tückisch ist die See,
und tut furchtbar weh.

Dunkel und hell

Vergessene Zeit,
Dunkelheit.
Düsteres Leben,
wahllos ergeben.

Finstere Welt,
total entstellt…
Ein Weg ist offen,
ich kann hoffen.

Hinter der Fassade,
läuft es gerade.
Der Weg sich zeigt,
Hoffnung steigt.

Hinweg Finsternis,
eins ist gewiss,
das gute meist siegt
und überwiegt.

Sternenschimmer

In der Ferne…
Schau!
Sitzen Sterne
Auf dunklem Blau.

Drüber, drunter
blinken,
Sterne munter
winken.

So seh ich sie,
mit Funkeln,
es ist wie Magie
im Dunkeln.

In der Nacht
ists immer,
bewacht
vom Sternenschimmer.

Selbst ist die Frau!

Es war einmal ein Burgfräulein,
das schien wohl hübsch zu sein.
Es konnte kaum noch Lachen.
Bewacht von einem Drachen.

Gefürchtet war er im ganzen Land.
Furchtlose Ritter wurden verbrannt.
Gemieden wurde dieses Gebiet.
Bis das Burgfräulein entschied:

Sie nahm robuste Holzteile,
und baute Bogen und Pfeile.
Sie hat all ihren Mut bewiesen,
wollte den Drachen beschießen.

Es geschah, dass sie ins Herz traf,
Der Drache hielt einen ewigen Schlaf.
Sie konnte fliehen, die junge Maid
und war frei, bis ans Ende ihrer Zeit.

Nächtlicher Traum

Abends, wenn ich im Bettchen liege,
und lass den Tag, revuepassieren
wollen meine Augen kapitulieren,
im Traum ich plötzlich fliege…

Mit den Wolken im Sternenmeer,
tanze ich auf den Sternen in der Nacht,
sehe den Mond, der mit mir lacht.
Jage Sternschnuppen hinterher.

Im Nachthimmel zu schweben.
Sterne und Mond zu erleben.
In wolkig, weichen Höhn,
ist so wunderschön!

Hinter Gittern

In einem kleinen Käfig lief andächtig,
ein Löwe, er war groß und prächtig.
Sein Kopf ließ er gelangweilt schwanken…
Er lief umher, mit seinen großen Pranken.

Er lief ständig kleine Kreise…
Die Rufe waren nicht gerade leise.
Würdevoll schüttelte er seine Mähne
und er zeigte seine scharfen Zähne,

Auf dem Boden er kratzte.
aus den Gittern er tatzte.
Manchmal ließ er einen Brüller los,
Das fanden Schaulustige ganz famos.

Wäre der Käfig kein Hindernis,
würde er schnappen mit einem Biss!
Doch das würde er nicht schaffen…
Deshalb gibt es Leute die gaffen!

Was Mich, Dich, und Andere betrifft

In der Hoffnung

Du bist von Angst gebangt.
Und traurig anzusehen.
Hast viel von Dir verlangt.
Zeit ists aufzustehen!

Ich seh es in Deinem Gesicht…
Dich plagt allerhand.
Bevor Dein Herzchen bricht,
sag ich Dir, mit Verstand:

Bald wird alles vorüber sein!
Schöpfe ein wenig Mut!
Morgen ist wieder Sonnenschein,
dann ist wieder alles gut!

Alles im Leben

Lieben, leben, lachen.
All das spüren,
sehen, denken, machen.
Lass Dich führen.

Schlafen, trinken, essen,
ein Leben lang,
Gelaufen und gesessen,
immer im Gang.

Schmecken, riechen, tasten,
hören und sehen.
Niemals wirst Du rasten,
nie verstehen.

Fallen, aufstehen, richten!
Standhaft sein!
Neue Wege Sichten,
ganz allein.

Fehler machen, beheben.
Nimm das hin.
So läuft das wahre Leben,
mit Lebenssinn.

Schwester

Schwester
gehörst zu mir,
mein bester
Tag ist nur mit Dir.

Du schenkst,
was ich brauch,
Du denkst
das Gleiche auch.

Verschieden,
sind wir äußerlich.
Zufrieden,
bin ich nur durch Dich.

Vorwärts,
immer ganz entspannt.
Schwesterherz,
wir gehen Hand in Hand.

Was wächst

Wunder kommen,
Wunder kamen,
mitgenommen,
Wundersamen.

Pflanze sie ein,
sie wachsen los.
Mit Sonnenschein
werden sie groß.

Wunder sprießen,
Wunder vergehen,
sie zu gießen,
und zu sehen.

In die Höhn.
Der Sonne nah.
Wunderschön
und wunderbar

Mein Apell

Kommandanten
werden laut!
Stillgestanden!
Nach vorn geschaut!

Großer Schaden
hinter Gittern.
Soldaten!
Ihr sollt zittern!

Seid euch klar,
Mann für Mann!
Es droht Gefahr,
so tretet an!

Wer von ihnen,
in der Welt,
kanns verdienen,
ist ein Held?

Hoch hinaus

Will Berge erklimmen.
Bin schon dran.
Mich froh stimmen.
Hab viel Elan.

Höhnangst besiegen.
hoch hinaus.
In Wolken wiegen,
mit Applaus.

Will nie mehr zurück,
wag den Schritt,
strebe nach Glück,
nehm es mit.

Blume

Du willst gedeihen.
Würde man Dich lassen.
Niemals entzweien
und sanft anfassen.

Gerate nie in die Falle
Bleibe bewahrt.
Grob sind die Bösen alle
bist doch so zart.

Nichts Gutes Dir droht,
kleines Wesen.
Brechen ist ein Verbot,
hab Dich aufgelesen.

Der Flug

Unsere Sicht ist mal verstellt.
Es ist kaum zu glauben…
Von oben sehen wir die Welt.
Fliegen mit den Tauben.

Der Himmel er ist klar,
die Sonne scheint heiter.
Der Ausblick ist wunderbar.
Wir schweben immer weiter!

Ist das noch Realität?
Wir leben hier auf Erden
Zu Träumen ist nie zu spät!
Was nicht ist, kann noch werden.

Verträumt

Den Weg zu Dir,
hab ich im Visier,
Ich glaub daran,
wie es sein kann:

Wir Hand in Hand,
sind ganz entspannt,
genießen die Ruh,
und Lächeln uns zu.

Wir liegen im Gras,
erzählen uns was.
Hören Wort für Wort
und denken uns fort.

Wir schlafen ein.
Gemeinsam sein
zu jeder Stunde,
in jeder Sekunde.

Irres Leben

Hab ich den rechten Weg gewählt?
Bin ich auf der Spur?
Beides habe ich knapp verfehlt.
Wo stehe ich jetzt nur?

Einfach vorbei und voll daneben,
so geht es irgendwie …
So verläuft mein ganzes Leben,
Ein Ziel hatte ich nie.

Mal weit unten und hoch hinaus,
Es gibt keine Geduld.
Am Ende kriege ich keinen Applaus.
Trage selbst die Schuld.

Ein gutes Leben ist nicht zu kaufen.
Man braucht einen Plan
Bald wird es sicher besser laufen,
denn ich arbeite daran.

Hinaus

Bist einer der Schwachen.
Hältst Dich daran fest.
Es ist Zeit zu Erwachen!
Spring aus deinem Nest!

Verfolge deinen Plan,
bei Sturm und Regen!
Die Sonne lacht Dich an.
Strahle ihr entgegen!

Es wird für Dich Zeit,
Ängste zu besiegen!
Mach Deine Flügel weit!
Glaub daran zu fliegen!

Krieg

Bomben und Raketen!
Wahnsinniger Krieg!
Wer soll das vertreten!?
Jeder will den Sieg!

Vom eigenen zu Hause
Muss man fort…
Machtspiel ohne Pause,
herrscht vor Ort.

Werde es nie verstehen,
werde nicht erhört.
Andere müssen zu sehen,
wird ein Land zerstört!

Tote und Niederlagen
sind nicht gerecht.
Es ist nicht zu ertragen.
Tatsachen sind echt.

Dicke Freunde

Du und Ich wir sind zu zweit,
immer zu einer Tat bereit,
Wir lassen niemanden allein.
Denn Keiner will alleine sein.

Wir halten zusammen, egal was ist,
ich mag Dich, weil Du was Besonderes bist.
Wir haben uns nicht gesucht, sondern gleich gefunden.
Wir verbringen miteinander täglich viele Stunden.

Einen Freund wie Dich gebe ich nicht wieder her,
Ich will Dir sagen: Ich mag Dich sehr!
Uns trennt wohl nichts auf dieser Welt,
weil unsere Freundschaft ewig hält.

Nur Du

Mit Dir leben,
Dich zu sehen.
Alles zu machen
Dich verstehen.

Hiergeblieben!
Dich betrachten…
Dich zu lieben,
und zu achten.

Mit Dir gehen
und zu schweben.
Alles zu sehen,
und lange leben.

Mit Dir bauen,
ein großes Haus.
Oben schauen,
wir heraus.

Mit Dir zufrieden,
werden wir alt.
Nie geschieden,
ohne Halt.

Von Liebe getrennt

Tausend Meilen,
die uns trennen…
Allein verweilen,
Hoffnung kennen.

Ohne Dich leben,
das ginge nicht.
Zu zweit geben
wir Zuversicht.

Nie verschwindet
die Liebe in mir.
Was uns bindet,
sind liebend wir.

Zeiten vergehen,
wenn sie schreiten.
Wir überstehen
getrennte Zeiten.

Für immer und ewig…

Ich weiß, dass es so ist:
Nur mit Dir bin ich vollkommen
Ich habe Dich genommen,
genauso wie Du bist.

Du gibst mir Liebe, gibst mir Treue
und all das, nach was ich mich sehne.
Gemeinsam schmieden wir Zukunftspläne.
Es gibt keinen Tag den ich mit Dir bereue.

Zusammen halten wir unsere Hände,
schwören uns die große Liebe…
Ach wenn sie nur ewig bliebe,
Für uns nimmt sie nie ein Ende.

Hätte, Hätte

Hätt ich es geschafft,
Ohne, dass Hoffnungen schwinden,
aus eigener Kraft,
mein Selbstvertrauen zu finden.

Ach hätte ich nur….
Meinen Weg viel früher erkannt.
Ich sah die Spur,
und hab mich trotzdem verrannt.

Hätte ich nur mehr,
in meinem kurzen Leben gegeben
Wär es nicht so schwer,
mit Leidenschaft zu streben.

Ach hätte ich einmal
mich weiter hinaus getraut
aus meinem tiefen Tal,
ins Hier und Jetzt geschaut.

Vor lauter Sehnsucht

Weil Du etwas ganz Besonderes bist,
und ich sehnsüchtig auf Dich warte,
jeden Tag ohne Dein Dasein starte,
wirst Du von mir so sehr vermisst.

Ach, könnte ich nur bei Dir sein…,
dann würde ich die Zeit anhalten,
und deine Hand für ewig festhalten.
Vom Herzen fallen würd mir ein Stein.

So viele Tage müssen noch vergehen,
bis dahin hab ich Sehnsuchtstränen geweint…
Doch dann sind wir auch wieder vereint,
wenn wir uns wieder sehen.

Reich sein

So geschieht es auf der Welt:
Menschen lachen, Menschen leben,
Menschen handeln, Menschen geben,
und sie denken nur ans Geld.

Sie streben weiter nach einem Traum.
Macht und Reichtum zu erhaschen.
Mit kostbaren Geschenken zu überraschen.
Doch manch einer erreicht dies kaum.

Immer kaufen und davon viel,
wo führt das die Menschen noch hin.
Jeder will den größten und schönsten Gewinn.
Der Mächtigste gewinnt dieses Spiel.

Mein ganzes Ich

Ich weiß genau was mich erfreut:
Jeder Tag und jede Stunde.
Mein Leben hab ich nie bereut.
Ich bin hier! Ich lebe! Jede Sekunde!

Was mich ärgert, sind Unklarheiten,
wenn jemand nicht richtig kommuniziert.
Ich mag es wirklich nicht zu streiten.
Ich wünschte alles wäre unkompliziert

Ich sehe ganz oft meine Stärken,
betrachte alles mit klaren Augen.
Und andere werden es schnell merken.
Dass all die Stärken auch was taugen.

Schwächen gestehe ich mir ein,
viele Äußerungen nehme ich mir an.
Oft mache ich mich selber klein.
Obwohl ich es weiß, dass ich es besser kann.

Ich weiß genau was mich interessiert.
Was möchte ich, was hab ich gerne.
Da hab ich so einiges schon ausprobiert.
Ich merke auch, dass ich heute noch dazu lerne.

Was mich nicht interessiert, da geh ich nicht ran,
Ich mag mich nicht mit allem plagen.
Also konzentrier ich mich drauf, was ich gut kann.
Ich bin in andrem bewandert und beantworte Fragen.

Meine Beine tragen mich egal wohin,
von meiner Heimat, in ein neues Glück.
Ich kenne mich gut, ich weiß wer ich bin!
All meine Sorgen lass ich tapfer zurück.

Die Adoption

Komm her mein kleines Kind,
du kannst nichts verlieren…
Weil wir eine Familie sind,
Wollen wir dich adoptieren.

Wir lassen Dich nicht allein,
sind ein Teil von Dir.
Wir werden an Deiner Seite sein,
Zusammen halten wir.

Bist Du erwachsen und groß,
Fällt es uns dann schwer.
wir lassen Dich zwar los.
Doch vermissen dich sehr.

Mit allen Sinnen

Hier lohnt es sich mal hinzuschauen,
siehst Du alles um dich herum,
ein Baum wächst gerade oder krumm.
Sie wachsen zum Himmel, dem Blauen..

Durch die Bäume ein lauer Wind zieht.
Du spürst die Sonne, die am Himmel steht,
gleichzeitig die Kühle, wenn der Wind so weht…
Warm und kalt merkst Du den Unterschied?

Schließe die Augen, fang an zu berichten
Was liegt hier in der Luft?
Ein frischer Laub -und Nadel-Duft
Von Buchen, Birken, Kiefern und Fichten,

Lausche dem irdischen Klang,
wie es knackt und knirscht unter den Füßen.
Horch! Einige Tiere wollen Dich begrüßen.
Du hörst es am belebenden Vogelgesang.

Hast Du die Augen noch geschlossen?
Die Waldluft ist sehr gesund,
Du schmeckst sie förmlich, die Würze im Mund…
So hast Du mit allen Sinnen den Wald genossen!

Liebe zu meinem Glück

Vollkommen macht mein Glück:
Das was Du täglich zu mir sagst,
das gebe ich gern zurück.
Ich weiß, dass Du mich gerne magst.

Vergangene Tage werden uns begleiten.
Zu meinem Glück, bist Du immer geblieben.
In doch manch so schwierigen Zeiten.
Konnten wir uns dennoch lieben.

In deiner Nähe verlier ich mich…
Ich bin aufgeregt! Hab ein Kribbeln im Bauch
Ich weiß genau: Ich liebe Dich,
und Du, zu meinem Glück, mich sicher auch…

Gemütsüberwindung

Es läuft mal hoch und mal tief,
manchmal läuft halt alles schief.
Es tut mir selber furchtbar weh,
wenn ich mich mal heulen seh…

Mit mir ists nicht gerade leicht,
unsicher sag ich: Man könnte vielleicht.
Ich kann mich nicht mal selber loben…
Ich bin doch unten und nicht oben.

Ich versink im Selbstmitleid…
Nein, ich bin noch nicht bereit.
Fürs Glücklichsein und bessere Tage,
denn jeden Tag stell ich in Frage.

Ja ich könnte mich aufgeben,
aber ich will weiterleben!
Genieß ich wieder all die Stunden,
dann bin ich oben und nicht unten!

Im Dunklen tappen

Manchmal sind wir alle stumm,
auszeichnen tut uns ein finsteres Gesicht.
Keiner fragt, wieso, weshalb und warum,
geht hier gar kein Licht…?

Die Stimmung ist einfach im Keller,
in einem dunklen Bereich.
Dort wird es niemals heller.
Wo gibt es hier Licht noch gleich?

Niemand will reden alle schweigen.
Wohin sind die schönen Momente.
Keiner will uns den Lichtschalter zeigen,
wir tappen im Dunkeln am Ende.

Alle guten Wünsche sind Drei

Ich habe heute drei Wünsche frei.
Drei Wünsche lassen mich hoffen,
Dein Ohr ist für mich offen.
Und es sind auch wirklich nur drei!

Der erste Wunsch ist mehr Vertrauen,
Lass mich doch einfach mal machen!
Du kannst mich nicht ewig bewachen,
und über alles ganz genau schauen!

Der zweite Wunsch: Ausreden wäre hier fein!
Damit wir harmonieren, noch ewig lang,
so funktioniert ein guter Umgang,
respektvoll sollte er sein.

Der dritte Wunsch ist nun auch noch drin!
Ich nehme Dich doch so wie Du bist…
Und damit das auch gegenseitig so ist.
Dann nimm mich einfach auch so wie ich bin!

Das Spiel

Es hat gerade erst begonnen,
Für Dich ist alles bereitgestellt.
Doch wenn dein letzter Würfel fällt,
hast Du noch lange nicht gewonnen!

Du gerätst oft aus dem Gleichgewicht…
Kannst Du einmal nicht siegen,
dann lass Dich nicht unterkriegen.
„Mensch ärgere Dich nicht!“

Manchmal macht es Dir kein Spaß,
wenn Du ständig verlierst,
es immer wieder ausprobierst...
Da fehlt, im Ärmel, Dir das Ass…

Zu gewinnen ist das Ziel!
Doch irgendwer setzt Dich schachmatt!
So läuft nicht immer alles glatt!
Das Leben ist kein leichtes Spiel!

Gemeinschaftlich

Wir fühlen uns nicht allein,
denn wir sind nie einsam,
niemand braucht allein zu sein,
Zusammen sind wir gemeinsam.

Gute Freunde sind uns wichtig
Wir werden nie auseinander gehen!
Jeder von uns ist jeder goldrichtig!
Wir werden zueinanderstehen.

Wir geben einander so viel Kraft.
Bis jetzt haben wir jeden Moment genossen,
in unserer zufriedenen Gemeinschaft,
fühlt sich keiner ausgeschlossen.

Theresa Dreßel

Was glücklich macht

Wenn andere Leute an mich denken,
wünsche ich mir, dass es mir an nichts fehlt.
Dass ich der glücklichste Mensch bin auf dieser Welt.
Dieses Gefühl könnten sie mir schenken.

Ich freue mich auf jeden Morgen,
mit diesem Gefühl auf zu stehen,
all meine Lieben heute wieder zu sehen.
Einfach aufstehen, ohne Sorgen.

Jeder Tag kann so schön verlaufen…
Geh ich mit Freude ran und mit Lust,
Freundschaften sind wichtig, das ist mir bewusst,
und vor allem kann ich mir sie nicht erkaufen!

Viel Entspannter

Ich bin voller Gelassenheit,
bin auch völlig entspannt!
Ich achte meist nicht auf die Zeit.
Stress und Kummer werden verbannt!

So bin ich wie ich bin.
Achtsam und auch ausgeglichen!
Ich nehme störende Dinge einfach hin.
Oder bin ihnen einfach ausgewichen.

Ich lade Dich ein,
in meine heile Welt.
Dort kannst Du ganz gelassen sein,
und so sein wie es Dir gefällt!

Liebeslaunen

Wir haben uns gleich gefunden,
jedoch nicht gesucht,
für immer und ewig verbunden,
ich suche Nähe und auch Flucht.

Ich will Dich spüren, und auch nicht.
Ich will keine Küsse mehr.
Doch mein Herz es bricht,
Dich nicht anzusehen fällt mir schwer.

Mit Deinen Blicken, Deiner Art,
machst Du es mir nicht leicht.
Für mich ist konsequent sein hart,
und längst schon hast Du mein Herz errreicht.

Begehrt sein

Ich will hoch hinaus!
Und dabei alles geben,
Ich brauche den Applaus,
für mein ewiges Streben.

Andere sollten mich achten!
Mich selbst als großen Gewinn.
Doch besser sollte ich nur mich betrachten.
Mich selbst, so wie ich bin.

Ich bin mir selbst sehr viel wehrt,
Ich setze sie mir auf, die Krone!
Ich brauche kein Schwert,
Ich kämpfe auch ohne.

Anreden

Hallo, sag ich, Du.
Wenn ich mich äußern will…
Ist es falsch so wie ich es tu
Oder bin ich lieber still?

Hallo, sag ich, Sie,
rede ich richtig so,
Zwischen uns herrscht keine Harmonie.
Deshalb begebe ich mich nicht auf Ihr Niveau!

Hallo, hier bin ich!
Würde mich jemand bemerken....
Ich spreche jetzt nur über mich!
Über mich und meine Stärken!

Weise Ratschläge von mir

Der Gewinner

Höher und noch weiter,
immer mit Elan,
so geht es voran,
auf der Lebensleiter.

Schon so viel erreicht,
mit Zufriedenheit,
einig mit der Zeit,
sich Erfolg einschleicht.

Hier kann nur gewinnen,
wer auch viel tut
nur mit etwas Mut,
Kannst Du es beginnen.

Mut zum Leben

Ich muss nicht rennen,
langsam ist gut!
Das Leben zu erkennen,
gibt mir Mut!

Ich trage das Leben,
selbstbewusst!
Ohne mich zu ergeben,
vor lauter Frust.

Ich starte jetzt neu,
voller Elan,
wenn ich mich freu,
bleibe ich dran!

Gedankengeschwirr

Gedanken schwirren,
mich beirren.
Wort für Wort,
fliegen sie fort.

Ich lass sie ziehen,
einfach entfliehen,
lass sie fliegen,
um neue zu kriegen.

Gerate ins schwanken,
bei jedem Gedanken.
Sie sollen schweben,
um besseres zu erleben.

Lebenstür

Manchmal frag ich mich wofür,
bin ich für diese Welt bestimmt.
Eröffnet sich meine Lebenstür,
kommt jemand, der mich nimmt.

Der Stolz mir seine Wege zeigt,
ich bin verloren in seinem Wahn.
Einander sind wir nicht abgeneigt,
ich als Frau und er als Mann…

Keiner von uns hat daran gedacht,
was hier mit uns beiden passiert.
Die Tür wurde längst aufgemacht.
Ich bin darauf zu marschiert.

Von weit unten

Du spürst Dein Leben zu verlieren,
von weit unten winkst Du hoch,
längst schon wolltest Du kapitulieren.
Ein Fünkchen Hoffnung ist da jedoch noch.

Doch Du kannst oder willst es nicht sehen,
Dein großes Glück es scheint Dir verborgen.
Willst Du da unten ewig stehen,
mit all Deinen Sorgen?

Zeig dem Leben Deinen Mut!
Und hör endlich auf dein Herz!
Sei mit Dir selber einmal gut,
dann geht es auch vorwärts!

Mit Ecken und Kanten

Ich glaube wir sind uns einverstanden,
wenn Du mich nimmst so wie ich bin,
und andersherum so macht es Sinn.
Mit zahlreichen Ecken und Kanten.

Das ist gut so! Bleib mal robust!
Dann wirkst Du richtig standhaft.
Um Dich umzuwerfen braucht man schon Kraft.
Du wirkst ganz sicher in dem was Du tust.

Ich nehme Dich mit, so wie Du bist,
weil Du so ein besonderes Aussehen hast.
Und auch, weil all das Andere so wunderbar passt.
Du bist jemand den man nie vergisst.

Das Versprechen

Es kommt nicht darauf an,
dass man etwas versprechen kann.
Denn die meisten Versprechen,
sollte man auch nicht brechen.

„Ich kaufe nicht mehr so viel ein!“-
„Ich lass das Rauchen ab jetzt sein!“
Lässt Du all das, und hältst es über Wochen,
dann hast es Dir richtig versprochen.

Denn was man verspricht,
das bricht man nun mal nicht!

Rasend unterwegs

Mach Stopp! Halt an!
Siehst Du das Stoppschild nicht!?
Mach Dir erstmal eine klare Sicht.
Schau links schau rechts, dann geht's voran.

Doch es wird nicht so schnell gerast!
Schnell passiert so ein Unfall…
Dann gibt's ein Crash! Und einen Knall!
Dann siehst Du, was Du davon hast!

Sei vorsichtig! Gib immer acht!
Auch andere rasen so,
Du wirst im Leben nicht mehr froh!
Wenn es einmal kracht!

Die Kette

Ein jeder schaut Dich mitleidig an,
Du kommst einfach nicht los…
Gefesselt bist Du kommst nicht voran.
Von Kindheit an und jetzt bist Du groß.

Jeder Schritt ist einer zu viel,
Die Kette sie schnürt ein…
Doch denke an dein Ziel,
Dich endlich zu befreien.

Erlöse Dich mit deiner Kraft,
Du bist stark, Du kannst es beweisen,
und irgendwann hast Du es geschafft,
Dich von Deinen Ketten los zu reißen.

Flora und Fauna

Im Wind

Ich beschreibe Dich,
kamst vom Baum…
Gelb und Rötlich,
Grün noch kaum…

Wer Dich trägt,
ist der kühle Wind,
Schnell fortbewegt,
und ganz geschwind!

Gleiche wie Du,
finden es aufregend.
Finden keine Ruh,
sind immer bewegend.

In luftigen Höhn,
bei windigem Wetter,
seid ihr so schön,
ihr bunten Blätter!

Draußen das Licht

Sie ist so fern,
und doch so nah…
Ferner Stern,
bist immer da.

Auf uns hinab,
gehen Strahlen.
Zeichne Dich ab,
will Dich malen.

Stehst oft nicht,
auf einer Stelle.
Das grelle Licht,
es ist so helle.

Warm sie ist,
und heiter.
Die Sonn du bist,
schein weiter.

Schnee

Hände in die Jackentaschen!
Es ist eisig kalt.
Winter will mich überraschen
in weißer Gestalt.

Alles weiß, wie ich seh,
Kühle überall.
Ich nehme etwas Schnee
und forme einen Ball.

Kälte kommt mir entgegen,
reibe meine Hände,
auf frostig glatten Wergen,
sehe ich kein Ende.

Beflügeltes Glück

Ein Schmetterling,
ist das Glück,
dass ich fing,
es kam zurück.

Einfach entfaltet…
Kommt und geht.
Kaum gestaltet
wieder verweht.

Will es fassen,
bleibt nicht hier.
Werd es lassen.
Es fliegt zu Dir.

Belebend

Ein Teil unserer Wirklichkeit,
und das Sein im Ganzen.
Alles ändert sich mit der Zeit.
Der Lebensraum, die Pflanzen.

Sie ist der Hier und Jetzt-Bereich.
Belebt und unbelebt.
Durch sie erschaffen wir ein Reich.
Wie ein Spinnennetz gewebt.

Ein Zweig, ein Ast ein Baum,
führt uns zum Ursprung zurück.
Die Natur und ihr Lebensraum.
Ist unser grünes Glück.

Das Fest des Frühlings

Der Frühling kehrt ein, mit seinen Sinnen,
mit flotten Bienen als Tänzerinnen.
Die Vögel singen dazu im Sopran.
Kommt alle her! Dieses Fest ist für jedermann!

Herzlich eingeladen auf unseren Wiesen,
wo herrlich duftende Blumen sprießen,
sind alle Käfer und jedes Getier.
Mit der lachenden Sonne feiern wir.

Der Frühling ist immer ein guter Anlass,
um zu feiern und zu leben mit Freude und Spaß.
Wir genießen diese Zeit,
mit viel Harmonie und Besonnenheit.

Des Himmels Gemüt

Dunkle Wolken am Himmel stehen,
Die Welt scheint heut düster auszusehen.
Regen, ist hier wohl in Sicht…
Und kein bisschen Sonnenlicht…

Der Regen strömt und fällt unentwegt.
Wann sich wohl dieses Wetter legt?
Ach es ist so kalt und eklig nass!
Wenn es so regnet, hat man gar keinen Spass!

Das Wetter es ist ganz schön schaurig…
Es macht mich selber schon ganz traurig…
Himmel, hör doch auf zu weinen…
Komm lass die Sonne wieder scheinen.

Verschneite Apriltage

Der Himmel ist von grauen Wolken überzogen,
es ist düster und keine Sonne in Sicht.
Schnee kommt vom Himmel geflogen.
Es ist schon April, man glaubt es fast nicht!

Immer mehr und immer mehr…
Fällt der Schnee auf die Erde nieder.
Ich sehne mich nach der Sonne so sehr…
Ich frag mich: Wann kommt sie wieder?

Die Flocken schweben im stürmischen Wind,
es ist so bitterkalt und nass.
Wenn die Sonne wieder zu scheinen beginnt,
dann haben wir wieder Spass!

So warten wir ganz gespannt,
wenn die Sonne sich wieder zeigen will.
Sie kehrt wohl erst wieder ein ins Land,
wenn er vorbei ist, der April!

Früh morgens

Morgenrot am Horizont.
-Sonnenaufgang-
Rosarote Himmelsfront,
Vogelgesang.

In Wiesen, Feldern
frischer Tau.
Über den Wäldern,
helles Blau.

Unsere Sonne steigt,
einfach empor.
Lieder werden gezeigt,
bleiben im Ohr.

Winter

Verschneit.
Draußen ists bedeckt.
Winterzeit,
vom Frost geweckt.

Bitter kalt!
Dick eingepackt,
laufen schallt,
der Schnee er knackt.

Frostwind,
beim eisigen Leben.
Geschwind,
die Flocken schweben.

Ganz Hart,
spazier ich entlang.
Am Start,
der Winteranfang.

Wolkenfrei und Sonnenklar!

Wenn ich in den Himmel schau
sehe ich keine Wolke dort stehen,
stets ist der Himmel so rein und blau,
eine Wolkenfreie Sicht ist zu sehen.

Ich spüre den Wind und den Sonnenschein
Auf meiner Haut, so wunderbar.
Ich lass die Sonne in mein Herz hinein,
dann erscheint mir alles Sonnenklar!

Meine Gedanken sind wolkenlos;
Wie am Himmel so wolkenfrei…
Ich lass sie ziehen, lass sie los,
und kommen neue, ziehen sie einfach vorbei!

Sowie manchmal Wolken den Himmel berühren,
und mit dem Wind fortgleiten…
So lass ich mich von den Gedanken führen,
die mich in die Entspannung leiten.

Und ist am Himmel einmal Regen,
schau ich aus dem Fenster raus,
sehe wie sich die Wolken bewegen,
und male gedanklich den Himmel blau aus…

Ist einmal keine Sonne in Sicht,
die mich wärmt und durch mich dringt.
Dann stell ich es mir vor das Sonnenlicht,
wie es mir Freude bringt.

Vom Winter zum Frühling

So lässt man sich den Tag versüßen,
draußen bei herrlichem Sonnenschein,
zwischen duftendem Gras und Blümelein,
so will uns der Frühling begrüßen.

Aufgehört hat es draußen zu frieren.
Bunt sind die Wiesen, und saftig grün,
Schaut wie all die Blümlein blühn!
Kommt und geht in der Natur spazieren!

Die Vögel, sie trällern fröhliche Lieder,
eine belebende Zeit hat angefangen,
der Winter, er ist längst schon vergangen.
und ich genieß diese Zeit, jedes Jahr wieder .

Frühlings- und Sommerblumen

Blumen sprießen in freier Natur,
Wie waren ihre Namen nur?
Margerite, Iris , Erika,
Lavendel oder Arnika!

Könnt ich nur alle Namen wissen,
Dahlien, Tulpen oder Narzissen…
Dann überlege ich ein Weilchen…
Es gibt ja noch die Veilchen!

Auf der Wiese blüht immer wieder,
wunderbar duftender Flieder.
Was ich noch an Namen weiß
Sind Primeln und Ehrenpreis.

In dem Blauen und Roten Ton,
sind Kornblumen und Mohn.
All diese Blumen duften fein!
Stehen dabei im Sonnenschein

Frühlingswiese

Auf den grünen Wiesen,
liegt etwas in der Luft…
Mit frühlingshaftem Duft,
sieht man sie sprießen.

Du herrlicher Frühling bringe,
uns Freude und Sonnenschein!
Es krabbeln kleine Käferlein,
und es schweben Schmetterlinge.

Die Wiese, sie duftet und blüht
und ist voller Getier.
Wild und frei, erscheint sie mir.
All das erweckt mein Gemüt.

Auf des Berges Höhe

Hoch oben auf einem Berg, so weit,
wo luftig, kalte Winde wehen,
ist von weitem schon zu sehen,
der Gipfel, er, ist eingeschneit.

Die Morgensonne scheint auf den hohen Berg,
im Frühjahr, wenn alles schon taut,
und wenn man so in die Ferne schaut,
geschieht ein natürliches Wunderwerk.

Es glänzt und funkelt, in voller Pracht,
es erstrahlt alles im hellen Licht,
doch getaut ist der Schnee noch lange nicht.
Obwohl die Sonne scheint, mit all ihrer Macht.

Nur Wind und Frost, wird es oben geben.
So stell ich es mir vor, ganz ruhig und leis.
Die höchste Stelle des Berges bleibt immer schneeweiß.
Dort gibt es ganz sicher auch kaum Leben.

Schönster Vogel

Du schmückst, deine Gestalt sie ziert,
Dein Wesen mich so interessiert.
Ich bin von Deiner Schönheit gebannt...
Du stolzierst durch ein fernes Land,

Leider kannst Du nicht wie andere Vögel fliegen.
Doch schnell wirst Du sicher Ansehen kriegen.
Deine Vielzahl an Augen ziehen an,
sie ziehen jeden in deinen Bann.

Ich betrachte Dich immer wieder,
Dich und Dein so prächtiges Gefieder,
es hat so ein reines, tiefes Blau,
Du stolzer Vogelpfau!

Gigantisches Afrika

In großen Schritten und in Herden
Ziehen sie durchs Wüstenland.
Direkt bei Oasen, Bäumen und Sand,
Können die Giganten gesehen werden.

Sie Stapfen oft am Wasser entlang,
und planschen darin gerne.
Dann laufen sie weiter in die Ferne.
Sie sind wie Schatten im Sonnenuntergang.

Kommt wir wollen auf Safari gehen,
Afrika, welch eine Gegend!
Abenteuerlich und aufregend,
ist es wenn wir die Elefanten sehen.

Vom Wind weggefegt

Die Krone eines Baumes ist voll mit Blättern behangen.
Der Baum, er steht im Sonnenlicht,
sacht ist ein Blättlein von ihm gegangen.
Nun hat das Blatt eine andere Sicht.

Auf dem Boden liegt es nun,
es verhält sich ganz unbewegt.
Dort wird es nicht lange ruhen,
denn ein Wind kommt angefegt.

Es wirbelt auf und wirbelt ab,
schwebt weit hoch und nieder,
doch es kommt nicht mehr auf den Boden herab,
Getrieben vom Wind wird es immer wieder.

Das Blatt es ist des Windes Gast.
So schwebt es nun ganz hoch hinaus,
weit fort von seinem Ast,
über Wiesen und Wälder sowie jedes Haus.

Es fliegt alleine und verlassen…
Schweben will es ganz elegant
So fliegt es durch die Straßen,
und jetzt halte ich es in der Hand.

.

Geschneit hats!

Frostig, kalte Flocken tanzen,
Sie legen sich nieder, auf den vereisten See
Silberglänzend ist der helle Schnee,
er bedeckt sanft die Blumen und Pflanzen.

Der Winter er ist schon bestellt,
Eisige Kälte herrscht Tag und Nacht,
So betrachten wir die Flockenpracht,
die vom Himmel nieder fällt.

Alles ist nun eingeschneit,
jeder Baum und jedes Dach.
Geschneit hats! Ganz sachte nach und nach…
Weiß so weiß ist die Winterzeit.

Schmusekatze

Von allen anmutigen Tieren,
schleicht die Katz, auf allen vieren,
ganz unbemerkt und mit Eleganz..
Gestreichelt zu werden genießt sie voll und ganz.

So sanft und auch so weich,
fast einem samtenen Kissen gleich,
so kuschlig ist ihr reines Fell,
und ihr schnurren erklingt dabei hell.

Hast Du Vertrauen zu ihr aufgebaut
Dann schmust sie und sie schnurrt ganz laut.
So ist sie unsere Schmusekatz,
ein wirklich wahrer Schatz!

Gedichte der Heimatkunde

Alle schönen Berge sind drei

Mischwälder und blumige Auen,
landschaftliche Vielfalt und buntes Fachwerk,
das sieht man alles vom großen Beerberg,
von dort aus kann man weit runter schauen.

Welch eine Sicht, so schön!
Siehst Du im Thüringer Wald
den Inselsberg schon bald
oder den Gebaberg in der Röhn.

Sehenswert! Egal wo man steht,
Hoch oben ist es klar und rein.
Genießt Natur und Sonnenschein,
Und wie die Sonne unter geht.

Die Wanderung

Auf den Weg ins Vergnügen,
weg vom Alltag und andern
soll mir Freude genügen,
ich gehe heut wandern.

Auf in den dichten Wald,
ich lausche während ich gehe
Des Spechtes Klopfen schallt.
Und es springen Rehe.

Vöglein stimmen mich froh,
Lieder sind in mich gedrungen,
so laufe ich irgendwo,
ich habe mitgesungen.

Sehe Bäume und Wege
Gebüsch, Geröll und Steine,
egal wo ich mich hin bewege
ich fühl mich nicht alleine.

Es geht bergauf und Bergab,
mach auch mal eine Pause.
Nehme mir die Zeit, die ich hab
und lauf, wann ich will, nach Hause.

Das Rennsteiggedicht

Wo Burgen und Schlösser im Walde stehen,
und die Natur mit ihrer Idylle strahlt,
dort kann man auf dem Rennsteig gehen,
und durch den Thüringer Wald.

Ob auf gekrönter Höhe oder tiefem Tal…
Wir laufen Berg auf und Berg ab,
und sind wir hoch oben wiedermal,
dann schauen wir auf kleine Dörfer herab.

Den Rennsteig, kann man genießen,
auf vielfältigen Erlebnispfaden,
Mischwäldern und bunten Wiesen,
und Orte die zum Einkehren einladen.

Von Eisenach nach Blankenstein,
sich unser Rennsteig zieht.
So stimmen wir ein Liedchen ein,
vielleicht das Rennsteiglied.

Thüringer Meer

So herrlich Grün ists im deutschen Land,
ob in Tälern, auf Bergen oder Seen,
große Flüsse die zu Talsperren übergehen.
Das Saaletal ist sehr bekannt.

Die herrliche Thüringer Waldlandschaft,
und das Tal mit den schroffen Hängen,
zieht mit dem Fluss um Längen,
plätschernd mit seiner sprudelnden Kraft.

Die Saale, sie wird gestaut
und wird zum Thüringer Meer,
das mögen Touristen sehr,
und machen sich schnell mit der Gegend vertraut.

Ob Baden, Erholung, Wellness oder Sport,
Alles erscheint dort aufregend.
Die Bleilochtalsperre ist eine schöne Gegend,
und die Saale zieht sich von Ort zu Ort.

Zur Landeshauptstadt

Von Thüringen bekommt man nie genug!
Die Freude sie ist riesengroß!
Wir fahren heute mit dem Zug.
Von der Theaterstadt Meiningen los!

Die Natur, sie ist so fabelhaft,
Schaut man aus den Fensterscheiben.
Dörfer, Städte und grüne Landschaft.
Das Staunen, lässt die Zeit vertreiben.

Wir sind angekommen in einer Stadt.
Durchdringen wir nun den Menschenstrom.
An zahlreichen Häusern, sieht man sich satt
Wir sehen schon den großen Dom.

Hinauf! Wir wollen den Dom nun erreichen
Nun sind wir hoch oben.
Zu sehen sind Dächer und die drei Gleichen.
-Erfurt-. Diese Stadt muss man loben!

Theaterstadt

Theater, Theater!
Ich lad euch alle ein.
Heut spielt der gestiefelte Kater.
So tretet nur alle herein!

Im wunderbaren grünen Glück,
Mit Bergen klein und groß,
Dort spielt ein Theaterstück.
Ja, hier ist richtig was los!

Um dieses Werk heute zu sichten,
müsst ihr nur Freude mitbringen,
dann könnt ihr viel davon berichten,
auch von der Stadt Meiningen.

Thüringer Gesänge

Welche Töne welche Klänge,
welch wunderbare Kirchlichen Gesänge.
Ja, ich hab es so gewollt,
und lausche diesen Stimmen hold.

Ob in Dresden oder Meißen,
ich höre die Stimmen, die lauten und leisen.
Ob in Meiningen, Erfurt oder Fulda,
ich horche den Stimmen von Fern und Nah.

In jedem Thüringer Gebiet,
erklingt voller Freude immer ein Lied.
Kommt in unsere Kirche und erlebt diesen Chor.
Der heitert auf und bleibt im Ohr.

Bekannter Thüringer Fluss

Ein Fluss will fließen und somit wachsen,
durchdringt jedes Geröll und Gestein.
Er fließt durch Städte aus und ein,
Durch Thüringen, Hessen und Niedersachsen.

Die Weser sie entsteht
Wenn dieser erhabene lange Fluss,
Sich mit der Fulda küssen muss.
Und in ein Meer übergeht.

Mal fließt er breit, und auch mal schmal,
Seht was mit diesem Fluss geschieht…
Und wer dort entlang wandert der sieht.
Das ganze Werratal.